Bibliografische Information der Deutschen Nationalbibliothek:

Die Deutsche Bibliothek verzeichnet diese Publikation in der Deutschen National-
bibliografie; detaillierte bibliografische Daten sind im Internet über http://dnb.d-
nb.de/ abrufbar.

Impressum:

Copyright © 2018 GRIN Verlag
Druck und Bindung: Books on Demand GmbH, Norderstedt Germany
ISBN: 9783668997301

Dieses Buch bei GRIN:

https://www.grin.com/document/494533

Müjde Kaya

Schule und Lehrkräfte während des NS-Regimes. Der Einfluss auf die Bildung eines rechtsextremen deutschen Staates

GRIN Verlag

GRIN - Your knowledge has value

Der GRIN Verlag publiziert seit 1998 wissenschaftliche Arbeiten von Studenten, Hochschullehrern und anderen Akademikern als eBook und gedrucktes Buch. Die Verlagswebsite www.grin.com ist die ideale Plattform zur Veröffentlichung von Hausarbeiten, Abschlussarbeiten, wissenschaftlichen Aufsätzen, Dissertationen und Fachbüchern.

Besuchen Sie uns im Internet:

http://www.grin.com/

http://www.facebook.com/grincom

http://www.twitter.com/grin_com

Justus-Liebig-Universität Gießen

Fachbereich 03: Sozial-und Kulturwissenschaften

PoWi Proseminar: Einführung in die politische Bildung

Wintersemester 2017/18

Schule und Rechtsextremismus

Müjde Kaya

3. Fachsemester

12. März 2018

Inhaltsverzeichnis

Fragestellung: Welchen Einfluss hatte die Schule als Machtinstrument zu Zeiten des Dritten Reiches auf die Schülerschaft, inwiefern trugen die Lerninhalte bei der Bildung des rechtsextremen Deutschlands bei und wie stark ist der Rechtsextremismus in den Schulen heutzutage noch vertreten?

1. Einleitung

Das Thema der vorliegenden Arbeit soll sich mit Rechtsextremismus und dem Einfluss der Schulen auf diesen beschäftigen. Es wird über Schule und Lehrkräfte während des NS-Regimes referiert und soll klar deutlich gemacht werden, welchen Einfluss diese auf die Bildung eines rechtsextremen deutschen Staates hatten. Zu Beginn soll der zentrale Begriff „Rechtsextremismus" erläutert werden, um so ein Verständnis und einen besseren Überblick für die gesamte Thematik der Arbeit zu erlangen. Ebenso wird der Begriff der „politischen Bildung" genauer definiert, da dieser ebenso sehr wichtig für das weitere Verständnis der Thematik ist und eine Definition deshalb zentral hierfür ist.

Nach den Begriffserklärungen soll am Beispiel der NS-Diktatur herausgearbeitet werden, wie die Schule zu Zeiten des Dritten Reichs als politisch bildendes Instrument tatsächlich fungierte. „Die deutsche Schule hat den politischen Menschen zu bilden, der in allem Denken und Handeln dienend und opfernd in seinem Volke wurzelt und der Geschichte und dem Schicksal seines Staates ganz und unabtrennbar zuinnerst verbunden ist."[1] Hier soll anhand von verschiedenen Quellen herausgearbeitet werden, wie genau die Schule und Lehrkräfte instrumentalisiert wurden, um NS-Propaganda zu betreiben und hiermit einen großen Anteil zum Errichten des nationalsozialistischen deutschen Staates beizutragen.

Schließlich wird diese Frage beantwortet, um daraufhin eine Analyse der politischen Bildung im heutigen deutschen Staat vorzunehmen, und zu recherchieren, wie effektiv diese ist und inwiefern sie auf die Schülerschaft einwirken kann.

Im Anschluss hierzu wird erneut auf die Lehrkräfte und ihren Umgang mit Rechtsextremismus heutzutage eingegangen, um anschließend Lösungsvorschläge zu geben, was Lehrkräfte tun können, um Rechtsextremismus zu unterbinden. Ebenso soll informiert werden, inwieweit die Eltern den Rechtsextremismus ihrer Kinder beeinflussen um anschließend auch hier

---

1 Detjen, Joachim (2007): Politische Bildung. München: Oldenbourg Wissenschaftsverlag GmbH, S. 90.

Gegenmaßnahmen einzubringen, dem entgegenwirken zu können. Zuletzt werden die Fragestellung und alle zentralen Punkte der Arbeit zusammengefasst und anschließend in einem Fazit beantwortet.

2. Begriffe

2.1. Rechtsextremismus

Um die Situation der Schulen und dem herrschenden Rechtsextremismus zu erläutern und zu vergleichen ist es wichtig, den Begriff des Rechtsextremismus näher zu definieren. Im Folgenden werden verschiedene Quellen zu Hilfe genommen, um einen Überblick über den Begriff zu verschaffen und anschließend eine Schlussfolgerung zu ziehen.

Einer Beschreibung des Innenministeriums nach

> „versuchen *rechtsextremistische* Gruppierungen ‚politische Ziele auf der Grundlage einer unterschiedlich ausgeprägten *nationalistischen, rassistischen* oder *staatsautoritären* bis *totalitären Weltanschauung* zu verwirklichen, die im Gegensatz zu den grundlegenden Prinzipien der freiheitlich- demokratischen Grundordnung stehen' (Bundesministerium des Innern, 1995, S.15).

> Ein Jahr später werden darüber hinaus die mangelnde Wertschätzung der Menschenrechte, die Ablehnung des Grundsatzes der Gleichheit aller Menschen sowie das Streben nach einem antipluralistischen politischen System als typische Kennzeichen rechtsextremistischer Organisationen genannt (vgl. Bundesministerium des Innern, 1996, S. 16)."[2]

Maren Oepke beschreibt die Kernelemente des Rechtsextremismus weiterhin als „*Autoritarismus*, übertriebener *Nationalismus*, der sich häufig mit *Ethnozentrismus*, ‚*Fremden*- oder *Ausländerfeindlichkeit* verbindet, sowie zum Teil *Antisemitismus* und *Sympathie für den Nationalsozialismus*."[3] Auch Gewalt soll eine große Rolle bei rechtsextremen Menschen einnehmen „Heitmeyer (2005) zählt neben dem Vorliegen einer Ungleichheitsideologie auch die Bereitschaft, eigene Interessen mit Gewalt durchzusetzen, zu den konstitutiven Merkmalen rechtsextremistischer Einstellungen."[4] Diese Meinung vertritt auch Samuel Salzborn: „während bei der Rechten die Ermordung von Menschen logische und erstrebte Konsequenz des

---

2 Oepke, Maren (2005): Rechtsextremismus unter ost- und westdeutschen Jugendlichen. Opladen: Verlag Barbara Budrich, S.31.
3 Ebd. S.34.
4 Oepke, Maren (2005): Rechtsextremismus unter ost- und westdeutschen Jugendlichen. Opladen: Verlag Barbara Budrich, S.34.

Weltbildes ist, wird sie in der Linken nur von einer kleinen Minderheit vertreten bzw. billigend in Kauf genommen"[5]. Allerdings wird die Gewaltbereitschaft nicht von allen als Merkmal von Rechtsextremismus anerkannt und nachvollzogen.

> „Empirische Untersuchungen zeigen zwar, dass von diesem Zusammenhang im Regelfall ausgegangen werden kann, er andererseits jedoch nicht zwingend zutreffen muss: Insbesondere aus jugendsoziologischen Untersuchungen ist bekannt, dass sich rechtsextremes Bewusstsein gelegentlich erst durch konkrete Praxis zum Beispiel in neofaschistischen Gruppen herausbildet"[6].

Maren Oepke definiert weiter, dass rechtsextreme Einstellungen all diese sind, die das Gegenteil von demokratischen Einstellungen sind:

> „Zu diesem können gezählt werden: die Anerkennung der Menschenwürde als Grundlage der Menschenrechte, Toleranz im Sinne von Pluralismus und Antagonismusfähigkeit, Mündigkeit sowie die Wertschätzung von Freiheit, Gleichheit und Solidarität als dem Verfassungspatriotismus entsprechende Werte."[7]

Zusammenfassend kann also gesagt werden, dass Rechtsextremismus nationalistisch, rassistisch und staatsautoritär bedingt ist, außerdem herrscht eine große Ausländer- und Fremdenfeindlichkeit.[8] Gewalt bei Rechtsextremen kann durchaus vorkommen, muss jedoch nicht zwingend der Fall sein.[9]

2.2. Politische Bildung

Ebenso wie der Begriff des Rechtsextremismus ist auch der Begriff „Politische Bildung" sehr zentral, wenn über Schule und Rechtsextremismus referiert wird. Aus diesem Grund wird auch hier der Begriff definiert, um einen besseren Überblick und ein besseres Verständnis für die Thematik zu schaffen.

Wolfgang Sander beschreibt den Begriff auf der Internetseite der Bundeszentrale für politische Bildung als „Bezeichnung für Lernangebote, die in pädagogischer Absicht Fähigkeiten und Wissen von Menschen im Umgang mit Politik entwickeln wollen. In jüngerer Zeit bezieht sich

---

5 Salzborn, Samuel (2015): Rechtsextremismus: Erscheinungsformen und Erklärungsansätze. 2. Auflage. Baden-Baden: Verlag Nomos. S.18.

6 Oepke, Maren (2005): Rechtsextremismus unter ost- und westdeutschen Jugendlichen. Opladen: Verlag Barbara Budrich, S.35.

7 Ebd., S.53.

8 Oepke, Maren (2005): Rechtsextremismus unter ost- und westdeutschen Jugendlichen. Opladen: Verlag Barbara Budrich, S.34.

9 Ebd., S.35.

politische Bildung hierfür auf Erkenntnisse und Methoden der Sozialwissenschaften."[10] Joachim Detjen definiert politische Bildung wie folgt: „(…) fragt nicht danach, ob der Mensch seine Funktion im Staat angemessen erfüllt. Sie hat allein den Menschen im Blick. Sie geht aber wie selbstverständlich davon aus, dass mündige Menschen gute Bürger sind."[11] Hierbei erwähnt er auch, dass diese Definition in „nicht geringem Maße" auch die politische Bildung in der Gegenwart bestimmt. Im Hinblick auf die politische Bildung in Zusammenhang mit der Schule beschreibt Peter Henkenborg diese so, dass sie „nicht nur Unterrichtsfach und Unterrichtsprinzip, sondern stets auch Schulprinzip"[12] ist. Mit dieser Definition geht einher, dass Bürger, die politisches Wissen besitzen, nicht unbedingt auch mündige Bürger sind.[13] Hierzu benötigt der Bürger noch weitere Erfahrungen, vor allem aber auch ein „offenes Diskussionsklima"[14] und „Partizipationschancen"[15].

3. Schule und Rechtsextremismus

3.1. Der Wandel der deutschen Gesellschaft zum Nationalsozialismus: Die Rolle der Schule

Durch den Einfluss von Schulen und den Lehrkräften konnte zunächst gesichert werden, dass jedes Kind im dritten Reich auch reichlich rechtsextrem erzogen wurde und die Werte der Nationalsozialisten von klein auf lernte und verinnerlichte.

> „Wie in keiner Epoche zuvor wurde im Nationalsozialismus politische Erziehung als integraler Bestandteil allen erzieherischen, ja allen staatlichen Handelns verstanden; gerade deshalb wurde ein institutionell abgegrenzter Ort für politische Bildung in Gestalt eines besonderen Schulfaches nun überflüssig."[16]

Wie von Sander angedeutet gab es also kein abgegrenztes Schulfach um die Schülerinnen und Schüler politisch zu erziehen, sondern die Schule war im Allgemeinen ein Ort der

---

10 Sander, Wolfgang (2006): Was ist politische Bildung? (URL: http://www.bpb.de/gesellschaft/bildung/kulturelle-bildung/59935/politische-bildung?p=all, 28.02.18).

11 Detjen, Joachim (2007): Politische Bildung. München: Oldenbourg Wissenschaftsverlag GmbH, S.4.

12 Henkenborg, Peter (2005): Politische Bildung als Schulprinzip: Demokratie-Lernen im Schulalltag. In: Sander, Wolfgang (Hrsg.) (2005): Handbuch politische Bildung. 3., völlig überarb. Auflage. Bonn: Wochenschau Verlag, S.266.

13 Vgl. ebd., S.266.

14 Henkenborg, Peter (2005): Politische Bildung als Schulprinzip: Demokratie-Lernen im Schulalltag. In: Sander, Wolfgang (Hrsg.) (2005): Handbuch politische Bildung. 3., völlig überarb. Auflage. Bonn: Wochenschau Verlag, S.267.

15 Ebd., S.267.

16 Sander, Wolfgang (2004): Politik in der Schule. Kleine Geschichte der politischen Bildung in Deutschland, Marburg: Schüren Verlag, S.89.

rechtsextremen Erziehung.[17] Joachim Detjen fasst die nationalsozialistische Erziehungsideologie wie folgt zusammen: „Die Schule sollte vollständig für die Vermittlung der nationalsozialistischen Weltanschauung in Dienst genommen werden. Die Vermittlung sollte zu einer, wie man es nannte, Politisierung des Menschen führen. Allen Fächern oblag diese *Politisierung* als ständige Aufgabe."[18] Auch hier kommt stark zum Vorschein, dass es im Dritten Reich nicht nötig war, ein extra Fach für die rechtsextreme Erziehung einzuführen, sondern in jedem Fach wurden die Werte vermittelt. Wie genau die Vermittlung der Werte stattfand und was diese beinhalteten wird im Folgenden anhand von Lehrinhalten der damaligen Zeit festgehalten und referiert. Wie von Benjamin Ortmeyer in seinem Werk „Schulzeit unterm Hitlerbild" sehr gut zusammenfasst, wurde die Schule schon immer gerne genutzt, um bestimmte Ordnungen der Gesellschaft zu festigen und in den Köpfen der Schülerschaft zu verinnerlichen.[19] Besonders Hitlers weltbekanntes Werk „Mein Kampf" half bei dieser Erziehung in den Schulen und wurde als Grundlage für den Unterricht im Dritten Reich genutzt.[20]

Ein für Hitler und alle nationalsozialistischen Lehrkräfte sehr wichtiger Punkt war die Erziehung und Bildung eines Jungen zu einem Soldaten, der dem Führer ewige Gefolgschaft bieten sollte. Die Mädchen sollten lediglich auf das Hausfrauenleben vorbereitet werden, ihre zukünftige Aufgabe sollte darin bestehen, weitere Jungen auf die Welt zu bringen, die dann ebenso zu Soldaten erzogen werden sollten.[21] Hans-Joachim Lissmann stellt in seinem Aufsatz über den Sachunterricht in der Grundschule während der NS-Diktatur fest, dass die Aufgaben der Schüler überwiegend darin bestanden, kurze Hymnen, „merksatzartige Notizen"[22] und größtenteils Hakenkreuze und Gräber in Verbindung mit den Soldaten und Adolf Hitler aufzuzeichnen.[23] An dem Beispiel von alten Schülerheften schlussfolgert er die damalige Situation und kann gut vorzeigen, worin die Kernelemente des Unterrichts bestanden: „Der Sachunterricht für die 3. Klasse beginnt – soweit er im Schulheft verzeichnet ist – mit dem Gebet ‚Gott schütze unser Vaterland, unser Volk und seine Führer'.[24] Mit Führer seien zum

17 Vgl. Sander, Wolfgang (2004): Politik in der Schule. Kleine Geschichte der politischen Bildung in Deutschland, Marburg: Schüren Verlag, S.89.

18 Detjen, Joachim (2007): Politische Bildung. München: Oldenbourg Wissenschaftsverlag GmbH, S.91.

19 Ortmeyer, Benjamin (1996): Schulzeit unterm Hitlerbild, Frankfurt am Main: Fischer Taschenbuch Verlag GmbH, S.15.

20 Vgl. ebd., S.15.

21 Vgl. Ortmeyer, Benjamin (1996): Schulzeit unterm Hitlerbild, Frankfurt am Main: Fischer Taschenbuch Verlag GmbH, S.20.

22 Lissmann, Hans-Joachim (2001): Sachunterricht in der Grundschule. In: Dithmar, Reinhard und Wolfgang Schmitz (Hrsg.) (2003): Schule und Unterricht im Dritten Reich. 2. Auflage. Ludwigsfelde: Ludwigsfelder Verlagshaus, S.45.

23 Vgl. ebd., S.43ff.

24 Lissmann, Hans-Joachim (2001): Sachunterricht in der Grundschule. In: Dithmar, Reinhard und Wolfgang Schmitz (Hrsg.) (2003): Schule und Unterricht im Dritten Reich. 2. Auflage. Ludwigsfelde: Ludwigsfelder Verlagshaus, S.49.

einen der damalige Reichspräsident Paul von Hindenburg und der Reichskanzler Adolf Hitler gemeint, wie man den darauffolgenden Strophen entnehmen könne.[25]

Auch was den Deutschunterricht betraf, gab es genaue Vorstellungen und Zielsetzungen, die dieser erfüllen sollte: „In dieser Schule mit dem Bildungsziel der ‚Erziehung zum nationalsozialistischen (…)' die deutsche Wesensart erkennen lassen, das politische Selbstbewusstsein stärken und den neuen deutschen Menschen bilden."[26] Wie genau das stattfinden sollte legt Reinhard Dithmar ebenso aus: Es sollten nämlich ausschließlich derzeit gegenwärtige Lehrmaterialien und Texte im Unterricht behandelt werden. Ebenso sollten sich die Texte auf den Nationalsozialismus und diese Ideologie beschränken. Hierbei sollten „Werke, die den Einsatz heldischer Kräfte zeigen"[27], bevorzugt werden.[28]

Literaturgeschichtlicher Unterricht wurde während der NS-Diktatur abgelehnt, stattdessen wurde ihnen „die Eintönigkeit und Stumpfsinnigkeit der völkisch-nationalen und nationalsozialistischen Literatur"[29] vermittelt. Wie Horst Gies in seinem Aufsatz über den Geschichtsunterricht zu Zeiten der NS-Diktatur aufzeigt, gab es auch in diesem Unterrichtsfach ein bestimmtes Konzept, nach dem unterrichtet werden sollte. Hierzu nennt er folgende drei Grundkomponenten, die in diesen typischen Unterricht gehörten: „1. Dem Totalitarismus des „Führerprinzips" und der „Volksgemeinschaft", 2. Dem Chauvinismus der „Lebensraumerweiterung" und des Weltmachtstrebens, 3. Dem Rassismus der „Aufnordung" und der Judenvernichtung.[30]

Eine sehr gute Zusammenfassung und Bewertung aus heutiger Sicht bietet Kurt- Ingo Flessau:

> „Geschichte von dieser Art vermittelt kein Faktenwissen – oder doch nur ausgewähltes und beschränktes – und will nicht die vielfältigen historischen Geschehnisse analysieren, miteinander in Beziehung setzen, um dem Schüler ein differenziertes Geschichtsbewußtsein zu geben. Sie will vielmehr Glauben wecken und vertiefen, Glauben an Personen und an Abstrakta wie Deutschlands Größe und Deutschlands Zukunft. […] Die wissenschaftlich-methodischen Grundsätze des auf größtmögliche Objektivität bedachten Historismus werden aufgegeben."[31]

---

25 Vgl. ebd., S.49.

26 Dithmar, Reinhard (2001): Richtlinien und Realität – Deutschunterricht im Gymnasium nach der >>Machtergreifung<<. In: Dithmar, Reinhard und Wolfgang Schmitz (Hrsg.) (2003): Schule und Unterricht im Dritten Reich. 2. Auflage. Ludwigsfelde: Ludwigsfelder Verlagshaus, S.65.

27 Ebd., S.69.

28 Vgl. Dithmar, Reinhard (2001): Richtlinien und Realität – Deutschunterricht im Gymnasium nach der >>Machtergreifung<<. In: Dithmar, Reinhard und Wolfgang Schmitz (Hrsg.) (2003): Schule und Unterricht im Dritten Reich. 2. Auflage. Ludwigsfelde: Ludwigsfelder Verlagshaus, S.69.

29 Ebd., S.74.

30 Gies, Horst (2001): Der Geschichtsunterricht in „Dritten Reich" als völkische Weihestunde und historische Nabelschau. In: Dithmar, Reinhard und Wolfgang Schmitz (Hrsg.) (2003): Schule und Unterricht im Dritten Reich. 2. Auflage. Ludwigsfelde: Ludwigsfelder Verlagshaus, S.216.

31 Flessau, Kurt-Ingo (1979): Schule der Diktatur: Lehrpläne und Schulbücher des Nationalsozialismus. Frankfurt am Main: Fischer Taschenbuch Verlag, S.106-107.

Auch das Fach Biologie war sehr gut geeignet, die Ideologie Adolf Hitlers zu verbreiten und die verschiedenen Rassen voneinander abzutrennen. Im Oktober 1933 wurde die Rassenlehre eingeführt, Ziele dieser Lehre waren zum einen die sogenannte Vererbungslehre und vor allem auch die Rassenkunde[32], die bei Adolf Hitler im Allgemeinen eine sehr große Rolle spielte. Das Material, mit dem unterrichtet wurde, sollte so konzipiert sein, dass

> „bei der nordischen Rasse besonders die positiven Merkmale hervorträten, wohingegen Abbildungen von Juden besonders viele negative Charakteristika zeigen sollen. […] Um zur ‚Reinhaltung des völkischen Blutes‘ zu erziehen, sollen Beispiele ungünstiger Rassenmischung, insbesondere Bastarde vorgeführt werden"[33].

Benjamin Ortmeyer geht in seinem Buch auch der Frage nach, wie die NS-Ideologie im Schulalltag durchgesetzt werden konnte. Am Beispiel der Holbeinschule in Frankfurt erklärt er hier die einzelnen Schritte und Verordnungen, die stattfanden, bis es zu der Ausgrenzung der jüdischen Bevölkerung kam und was genau unternommen wurde, um diese zu fördern. Bereits 1933 gab es den Erlass, dass die Zahl der Schülerinnen und Schüler, die nicht arischer Rasse waren, keinesfalls 1,5 Prozent der Schülerschaft übersteigen dürfe.[34] „Einen Tag später wird festgehalten: ‚Alle Atteste für Lehrer dürfen nur von nichtjüdischen Ärzten ausgestellt sein.‘ "[35] Nicht viel später wurde es Vorschrift, dass jüdische Lehrkräfte die Fächer Deutsch und Geschichte nicht unterrichten dürften, auch durften sie nur noch Klassenverbände mit jüdischen Schülerinnen und Schülern übernehmen.[36] Auch die regelmäßigen NS-Schulfeierlichkeiten trugen einen großen Beitrag zur Nazifizierung der Schülerschaft bei. Die Feiern, bei denen stets „die Hakenkreuzfahne und das Führerbild eine zentrale Rolle spielten"[37], „waren eine Gelegenheit, die Ausgrenzung der noch verbliebenen jüdischen Schülerinnen und Schüler voranzutreiben."[38]

Laut Schulaufzeichnungen und Unterlagen fand bereits im Jahr 1935 die Vorbereitung auf den Krieg statt. Was zu Beginn der Besuch einer Luftschutzausstellung sein sollte, wurde nur wenige Jahre später bereits an den Schulen durchgeführt[39]: Ernster wurde es dann im Jahre 1939: „Im September baute man den Keller der Holbeinschule als Luftschutzraum aus, ab Mai

---

32 Vgl. Bäumer-Schleinkofer, Änne (1992): NS-Biologie und Schule. Frankfurt am Main: Verlag Peter Lang GmbH, S.64.

33 Ebd., S.69.

34 Vgl. Ortmeyer, Benjamin (1996): Schulzeit unterm Hitlerbild, Frankfurt am Main: Fischer Taschenbuch Verlag GmbH, S.57.

35 Ebd., S.57.

36 Vgl. Ortmeyer, Benjamin (1996): Schulzeit unterm Hitlerbild, Frankfurt am Main: Fischer Taschenbuch Verlag GmbH, S.57.

37 Ebd., S.59.

38 Ortmeyer, Benjamin (1996): Schulzeit unterm Hitlerbild, Frankfurt am Main: Fischer Taschenbuch Verlag GmbH, S.59.

39 Vgl. Ortmeyer, Benjamin (1996): Schulzeit unterm Hitlerbild, Frankfurt am Main: Fischer Taschenbuch Verlag GmbH, S.65.

1940 wurde – wie ebenfalls aus der Schulchronik ersichtlich wird – eine tägliche Tag- und Nachtwache eingeteilt."[40]

Anhand von den verschiedenen genannten Quellen und Belegen kann schlussendlich zusammengefasst werden, dass die Schulen und die Lehrkräfte tatsächlich als sehr großes und wichtiges Machtinstrument der Nationalsozialisten und somit Adolf Hitler fungiert haben. Die Verweise auf Lehrinhalte und die Tatsache, dass der Bevölkerung mehr und mehr die eigentliche Bildung genommen und durch Erziehung zum Rechtsextremismus hin ersetzt wurde, zeigen sehr gut auf, wie genau und schematisch vorgegangen ist.

3.2. Rechtsextremismus in der Schule heutzutage

Anders als zu Zeiten des Dritten Reichs ist die Aufgabe der Schulen den Schülerinnen und Schülern das sogenannte Demokratie-Lernen näher zu bringen. Die Schule soll nicht erziehen, sondern vielmehr

> „Demokratie-Lernen ermöglichen, indem Schüler und Schülerinnen durch eigene Erfahrungen und eigenes Handeln in der Schule den Sinn von Politik und Demokratie praktizieren, erleben und verstehen, um dann durch diese Demokratieerfahrungen politische Mündigkeit und Demokratiekompetenzen entwickeln zu können."[41]

Im Hessischen Schulgesetz sind bereits die ersten beiden Paragraphen an die schulische und politische Bildung und den Erziehungsauftrag der Schule gelehnt. So heißt es im ersten Paragraphen Absatz 2 des Hessischen Schulgesetzes: „Für die Aufnahme in eine Schule dürfen weder Geschlecht, Behinderung, Herkunftsland oder Religionsbekenntnis noch die wirtschaftliche oder gesellschaftliche Stellung der Eltern bestimmend sein."[42] Hiermit wäre also der Grundstein dafür gelegt, dass Ausgrenzungen wie sie etwa bei den Juden in den Schulen zu Zeiten des NS-Regimes stattfanden, heute nicht so einfach durchsetzbar wären.

Die ersten beiden genannten Punkte, die als Aufgabe der Schule zählen, besagen, die Schülerinnen und Schüler mögen dazu befähigt werden und erlernen, „die Grundrechte für sich und andere wirksam werden zu lassen, eigene Rechte zu wahren und die Rechte anderer auch gegen sich selbst gelten zu lassen"[43], außerdem sei es wichtig, ihnen nahe zu bringen,

---

40 Ebd., S.65.

41 Henkenborg, Peter (2005): Politische Bildung als Schulprinzip: Demokratie-Lernen im Schulalltag. In: Sander, Wolfgang (Hrsg.) (2005): Handbuch politische Bildung. 3., völlig überarb. Auflage. Bonn: Wochenschau Verlag, S.265.

42 Hessisches Schulgesetz in der Fassung vom 30.07.2017, §1 Absatz 2.

43 Hessisches Schulgesetz in der Fassung vom 30.07.2017, §2 Absatz 2.

„staatsbürgerliche Verantwortung zu übernehmen und sowohl durch individuelles Handeln als auch durch die Wahrnehmung gemeinsamer Interessen mit anderen zur demokratischen Gestaltung des Staates und einer gerechten und freien Gesellschaft beizutragen"[44]. Ziel der politischen Bildung ist es heutzutage, das Interesse an der Politik bei Jugendlichen zu wecken, die Jugend zu selbstständigen und urteilsfähigen Menschen zu schulen[45] und vor allem auch die „Identifizierung mit den Werten der Menschenwürde und der Demokratie anzubahnen"[46].

Sieht man sich also die gesetzliche Lage, sowie die heutigen Ziele der politischen Bildung in den Schulen an, bekommt man das Gefühl von absoluter Sicherheit und Gerechtigkeit. Allerdings ist es sehr umstritten, ob politische Bildung wirklich die Denkweise beeinflussen und die Menschen demokratisieren kann. So stellt beispielsweise Klaus Ahlheim die Frage: „Schützt, bewahrt politische Bildung vor rechtsextremen Einstellungen und Denkmustern, hilft sie gar gegen rechtsextrem motivierte Gewalt?"[47]. Er geht sogar weiter: „Denn wenn es der politischen Bildung nun schon seit Jahren und Jahrzehnten nicht gelingt, rechtsextreme Tendenzen einzudämmen und rechtsextreme Gewalt zu bekämpfen, hat sie sich dann nicht als nutzlos, gar überflüssig erwiesen?"[48] In seiner Schrift stellt er ganz klar heraus, dass politische Bildung nicht als Umerziehungsmaßnahme für die fungieren kann, die rechtsextrem denken und handeln.[49] Denn: „Freiwillig werden überzeugte Rechtsextreme zu Veranstaltungen der politischen Jugend- und Erwachsenenbildung erst gar nicht hingehen, und wenn sie hingehen müssen – […] – werden sie beharrlich weghören."[50] Als sehr großes Problem sieht Ahlheim die Blauäugigkeit der Gesellschaft in Bezug auf den Rechtsextremismus in Deutschland. Er beschreibt den Umgang mit Rechtsextremismus in Deutschland als kurzfristige „Empörung"[51] und „Entsetzen"[52], es werden „kurzatmige Gegenprogramme – mit meist eher geringer

---

44 Ebd., §2 Absatz 2.

45 Vgl. Detjen, Joachim (2007): Politische Bildung. München: Oldenbourg Wissenschaftsverlag GmbH, S.211.

46 Ebd., S.211.

47 Ahlheim, Klaus (2005): Prävention von Rechtsextremismus, Fremdenfeindlichkeit und Antisemitismus. In: Sander, Wolfgang (Hrsg.) (2005): Handbuch politische Bildung. 3., völlig überarb. Auflage. Bonn: Wochenschau Verlag, S.380.

48 Ebd., S.381.

49 Vgl. Ahlheim, Klaus (2005): Prävention von Rechtsextremismus, Fremdenfeindlichkeit und Antisemitismus. In: Sander, Wolfgang (Hrsg.) (2005): Handbuch politische Bildung. 3., völlig überarb. Auflage. Bonn: Wochenschau Verlag, S.381.

50 Ebd., S.381f.

51 Ahlheim, Klaus (2005): Prävention von Rechtsextremismus, Fremdenfeindlichkeit und Antisemitismus. In: Sander, Wolfgang (Hrsg.) (2005): Handbuch politische Bildung. 3., völlig überarb. Auflage. Bonn: Wochenschau Verlag, S.379.

52Ebd., S.379.

Wirkung ‚aufgelegt'"[53], welche jedoch anschließend alle wieder „im alltäglichen Verschweigen"[54] enden.[55]

Als Lösung dieses Dilemmas und der Frage, inwiefern politische Bildung hilft oder helfen kann, nennt Ahlheim, dass die politische Bildung „nicht wie gebannt auf die schon organisierten, gar gewaltbereiten Personen und Gruppen starren"[56] soll, sondern sich vielmehr auf die Kinder und Jugendlichen fokussieren soll, deren Ansichten und Denken noch nicht geformt sind, um hier ein rechtsextremes Denken zu verhindern und die Menschen zu demokratisieren.[57]

Als Schlusswort bleibt zu sagen, dass Schulen heutzutage zwar nicht mehr als Machtinstrument für rechtsextreme Propaganda genutzt werden, vieles jedoch auch heute noch verbesserungswürdig ist. Was genau damit gemeint ist, hat Wolfgang Sander in der Schlussbemerkung seines Buches ‚Politik in der Schule' sehr gut zusammengefasst:

> „Der Politikunterricht hat zwar den Weg in die Stundentafeln der Schulen gefunden, aber sein Status ist alles andere als befriedigend – geringe, ja manchmal marginale Stundenzahlen von einer oder zwei Jahreswochenstunden für die gesamte Sekundarstufe I und häufig fachfremd erteilter Unterricht durch die jeweiligen Klassenlehrer lassen für eine professionelle Praxis wenig Raum."[58]

Dennoch ist eine gute Zukunft in Aussicht, denn schaut man sich die aktuelle Lage im Gegensatz zu der früheren Manipulation an, ist schnell zu erkennen, dass die Schule heutzutage nicht dazu missbraucht wird, rechtsextreme Denkweisen zu übermitteln, eine Ausgrenzung wird durch die bereits genannten Gesetze ebenso unterbunden und somit befinden sich die deutschen Schulen auf einem sehr guten Weg zu der politischen Bildung und der Demokratisierung hin.

---

[53] Ahlheim, Klaus (2005): Prävention von Rechtsextremismus, Fremdenfeindlichkeit und Antisemitismus. In: Sander, Wolfgang (Hrsg.) (2005): Handbuch politische Bildung. 3., völlig überarb. Auflage. Bonn: Wochenschau Verlag, S.379.

[54] Ebd., S.379.

[55] Vgl.Ahlheim, Klaus (2005): Prävention von Rechtsextremismus, Fremdenfeindlichkeit und Antisemitismus. In: Sander, Wolfgang (Hrsg.) (2005): Handbuch politische Bildung. 3., völlig überarb. Auflage. Bonn: Wochenschau Verlag, S.379.

[56] Ebd., S.386.

[57] Vgl.Ahlheim, Klaus (2005): Prävention von Rechtsextremismus, Fremdenfeindlichkeit und Antisemitismus. In: Sander, Wolfgang (Hrsg.) (2005): Handbuch politische Bildung. 3., völlig überarb. Auflage. Bonn: Wochenschau Verlag, S.386.

[58] Sander, Wolfgang (2004): Politik in der Schule. Kleine Geschichte der politischen Bildung in Deutschland, Marburg: Schüren Verlag, S.159.

4. Gegenmaßnahmen

4.1. Lehrkräfte

Wie bereits erwähnt spielen die Lehrkräfte eine sehr große Rolle, wenn es darum geht wie politische Bildung aussehen sollte und was zu beachten ist. Warum jedoch viele Lehrkräfte oft überfordert sind und nicht wissen was zu tun ist im Fall von Rechtextremismus an ihren Schulen, oder gar im eigenen Klassenraum bei den eigenen Schülern, soll in dem nun folgenden Text herausgearbeitet und somit beantwortet werden.

Die sogenannte KMK, ausgeschrieben Kultusministerkonferenz, hat zu bestimmen, wie die Lehrerbildung in Deutschland stattfinden soll und welche Aspekte als besonders wichtig erachtet werden. In ihrem Artikel fassen Karim Fereidooni und Mona Massumi sehr gut zusammen, worauf es heutzutage, laut KMK, stark ankommt:

> „Explizit wird gefordert, für Benachteiligung und Diskriminierung zu sensibilisieren und dagegen vorzugehen. Bei den Schülerinnen und Schülern sei der ‚Erwerb interkultureller Kompetenzen im Unterricht aller Fächer und durch außerunterrichtliche Aktivitäten' zu fördern."[59]

Allerdings scheint es keine gesonderten Vorgaben bei der Ausbildung von Lehrerinnen und Lehrern geben, wie diese mit beispielsweise Rassismus umzugehen haben.[60] Es gibt jedoch durchaus sehr viele Bücher darüber, wie Lehrkräfte in Situationen, in denen sie mit Rechtsextremismus oder Rassismus in jeder Art und Weise zu tun haben handeln könnten. So beschreiben beispielsweise Gisela und Axel Preuschoff in ihrem Buch, wie Gewalt an Schulen aussehen kann und was Lehrkräfte tun können, um diese zu unterbinden oder angemessene Maßnahmen einzuleiten. Im Folgenden sollen deshalb nun Gegenmaßnahmen genannt werden, die Lehrkräfte in ihren Schulalltag einbringen könnten. Oftmals sollen Gespräche schon eine große Arbeit leisten, wenn es um die Frage geht, wie man zwei verschiedene Streitparteien zu einer Versöhnung kommen lassen kann. Hierbei soll jedoch stark auf die Gesprächsführung und den Umgang der beiden Parteien geachtet werden, auch soll gewährleistet werden, dass beide Parteien jeweils der anderen zuhören.[61] Laut den Preuschoffs sind die meisten Jugendlichen, die sich damit preisen, deutsch zu sein, meist die, die innerlich am unzufriedensten mit sich

---

59 Fereidooni, Karim und Mona Massumi (2015): Rassismuskritik in der Ausbildung von Lehrerinnen und Lehrern. In: Aus Politik und Zeitgeschichte 40/2015 (APUZ40), 700 S. S.39.

60 Vgl. ebd., S.38.

61 Vgl. Preuschoff, Gisela und Axel (1994): Gewalt an Schulen und was dagegen zu tun ist. Köln: PapyRossa Verlag, S.50.

selbst sind.[62] Laut ihnen bietet dieser Stolz „Trost für viele soziale Abstiegs- und Zukunftsängste, die nicht nur auf Jugendliche einwirken"[63] Um sich bei diesen Jugendlichen Gehör zu verschaffen und somit klärende und helfende Gespräche führen zu können, halten die beiden Autoren es für essenziell, ein gewisses Einfühlungsvermögen zu haben und sich in die Lage der Person versetzen zu können.[64] Oftmals ist es jedoch der Fall, dass rechtsextreme Andeutungen und rechtsextremes Verhalten seitens der Jugendlichen nicht als solche anerkannt und wahrgenommen werden[65]: „Viele Kolleginnen und Kollegen, die mit diesen Problemen konfrontiert sind, wollen aus Angst oder Unsicherheit auch überzeugte Jungnazis nicht als solche wahrnehmen"[66], „unzureichendes Wissen, ihre Vermittlungsunsicherheiten oder ihre Angst, in Fragen der Vergangenheit und Gegenwart vor den Schülern deutlich Stellung zu beziehen"[67] werden als Hauptgründe für dieses Verhalten genannt. Allerdings soll auch unter Lehrkräften oft die Behauptung geäußert werden, dass Aufklärung zu der Geschichte und des Nationalsozialismus nichts gegen den Rechtsextremismus bewirken könne[68]. Joachim Detjen widerlegt dies jedoch sehr gut: „Denn ohne das Wissen von der geschichtlichen Bedingtheit des Politischen sind die Menschen politische Analphabeten. Deshalb darf politische Bildung nicht als reine Gegenwartskunde konzipiert werden."[69]

Für die politische Bildung und das Verhindern von Rechtsextremismus an den Schulen ist es also notwendig, dass Lehrkräfte sich intensiv mit dem Problem auseinandersetzen und nicht blauäugig sein dürfen. Außerdem ist es wichtig, die geschichtlichen Geschehnisse zu erörtern und mit der Politik in einen plausiblen Zusammenhang zu bringen.

4.2. Eltern

Auch was die Frage betrifft, inwiefern Eltern einen Einfluss auf die Bildung einer rechtsextremen Ansicht ihrer Kinder haben, scheint wichtig und wird daher im Folgenden genauer untersucht und anschließend zusammengefasst. Ob Eltern einen Einfluss auf die politische Identitätsbildung ihrer Kinder haben wird seit längerem in Frage gestellt und

---

62 Vgl. Preuschoff, Gisela und Axel (1994): Gewalt an Schulen und was dagegen zu tun ist. Köln: PapyRossa Verlag , S.102.

63 Ebd., S.102.

64 Vgl. Preuschoff, Gisela und Axel (1994): Gewalt an Schulen und was dagegen zu tun ist. Köln: PapyRossa Verlag, S.102.

65 Vgl. ebd., S.120.

66 Preuschoff, Gisela und Axel (1994): Gewalt an Schulen und was dagegen zu tun ist. Köln: PapyRossa Verlag, S.120.

67 Ebd., S.126.

68 Vgl. Preuschoff, Gisela und Axel (1994): Gewalt an Schulen und was dagegen zu tun ist. Köln: PapyRossa Verlag, S.126.

69 Detjen, Joachim (2007): Politische Bildung. München: Oldenbourg Wissenschaftsverlag GmbH, S.287.

ausdiskutiert. In ihrer Studie, bei der sie genau dies überprüfen wollte, kam Maren Oepke zu dem Schluss, dass Eltern sehr wohl einen Einfluss hierauf haben:

> „Jugendliche, die sich durch überdurchschnittlich hohe Ausprägungen auf den Skalen Ausländerfeindlichkeit, Überbewertung der eigenen Nation und Demokratiefeindlichkeit auszeichnen, haben auch eher Eltern mit überdurchschnittlich hohen Werten auf den rechtsextremen Subskalen.“[70]

Ein häufig genannter Punkt in Diskussionen wie diesen ist auch das Einkommen der Eltern. Häufig hört man, dass Jugendliche aus Familien mit weniger Einkommen eher zum Rechtsextremismus tendieren als die, die aus wohlhabenderen Familien kommen. Dies widerlegt Oepke jedoch, mit Verweis auf weitere Quellen die diese Angelegenheit untersuchten. Demnach soll der soziale Status und das Einkommen der Eltern nicht maßgeblich für die Bildung rechtsextremer Jugendlicher sein.[71] Auch hier sollen nun Gegenmaßnahmen und Lösungsvorschläge genannt werden, um aufzuzeigen, dass auch Eltern eine große Rolle bei der Bildung einer politischen Identität spielen und ihren Kindern die Demokratie näher bringen können. Maren Oepke nennt in ihrem Buch ebenfalls mehrere Faktoren, die bei der Bildung einer rechtsextremen Einstellung bei Jugendlichen eine sehr große Rolle spielen.

> „Vielmehr scheint es in Bezug auf die Ausprägung eines demokratischen Ethos gerade dann zu Problemen zu kommen, wenn Jugendliche an ihren Aktivitäten gehindert werden oder den Eindruck haben, dass sie für ihr Leben wichtige Aspekte – vor allem im Vergleich mit ihrer Umwelt – durch eigene Aktivität nicht beeinflussen können. Angst vor Kontrollverlust scheint insgesamt für die Entstehung rechtsextremer Einstellungen bei Jugendlichen eine wichtige Rolle zu spielen.“[72]

Aufgrund dessen scheint es plausibel, dass Eltern ihren Kindern Freiraum lassen müssen, um sich auszuleben und ihre Persönlichkeit entfalten zu können. Ein weiterer von Oepke genannter Punkt ist die Diskrepanz der elterlichen Einstellungen und der Werte, die in der Schule vermittelt werden sollen:

> „Es ist zu vermuten, dass Effekte der Schule auf Einstellungen der Jugendlichen umso kleiner sein dürften, je größer die Diskrepanz zwischen den elterlichen Einstellungen und den in der Schule vermittelten Werten ausgeprägt ist – und bei den rechtsextrem orientierten Eltern sollte die Diskrepanz besonders groß sein.“[73]

Hier bleibt also nur zu hoffen, dass diese Diskrepanz sinkt und zumindest ein Großteil der Eltern eher demokratische Weltvorstellungen hat, so wie es auch in den Schulen gelehrt werden soll.

---

70 Oepke, Maren (2005): Rechtsextremismus unter ost- und westdeutschen Jugendlichen. Opladen: Verlag Barbara Budrich, S.277.

71 Vgl. ebd., S.451.

72 Oepke, Maren (2005): Rechtsextremismus unter ost- und westdeutschen Jugendlichen. Opladen: Verlag Barbara Budrich, S.470.
73 Ebd., 484.

Ein großer Fehler, der ebenso vorkommt, ist es wenn die Eltern das rechtsextreme Denken und Verhalten ihrer Kinder verleugnen oder nicht realisieren wollen. So beschreiben Gisela und Axel Preuschoff, dass beispielsweise eine Mutter aus Ostdeutschland bestritt, dass ihr Sohn ein Neonazi ist.[74] Allerdings ist auch hier wichtig, dass Eltern Anzeichen erkennen.

So bleibt nur zu sagen, dass nicht nur die Schulen einen großen Einfluss auf die Bildung der politischen Identität von Schülern haben, sondern auch die Eltern eine große Rolle spielen. Diese sollten mögliche Anzeichen frühzeitig erkennen und dementsprechend handeln.

5. Fazit

Ziel der Arbeit war es, die Fragestellung bezüglich des Einflusses der Schulen als nationalsozialistisches Machtausübungsinstrument auf die Schülerschaft zu untersuchen und wie heutzutage mit Rechtextremismus an Schulen umgegangen wird. Um dies beantworten zu können wurden die Begriffe Rechtextremismus und politische Bildung zunächst definiert und somit ein Basiswissen über die Kernpunkte der Thematik geschaffen. Durch die starke Kontrolle und die Machtausübung auf die Schulen und ihre Lehrinhalte im NS-Regime gelang es den Nationalsozialisten, ein sehr einflussreiches rechtsextremes Schulsystem zu schaffen. Anhand der Quellen wurde ersichtlich, dass die deutsche Gesellschaft und die Schulen sich den Zuständen anpassten und dem Vorhaben der nationalistischen Führung beugte. Die Jungen wurden für den Krieg und die Mädchen zur Hausfrau und Mutter für den deutschen Staat erzogen. Diese Faktoren lösten ausschließlich einen negativen Einfluss auf die Bildung einer eigenen politischen Identität aus.

Abschließend wurde ein Vergleich mit der heutigen Zeit hergestellt, um zu verdeutlichen, inwiefern sich der Einfluss von Rechtsextremismus auf Schulen verringert hat. In der heutigen deutschen Gesellschaft ist deutlich zu sehen, dass aus der Geschichte Deutschlands eine Selbstreflexion stattfand. Anhand der genannten Schulgesetze kann man im Laufe der Arbeit entnehmen, dass großer Wert auf die freie Entfaltung der Persönlichkeit gesetzt wird. Aber auch der Rassismus wird durch die genannten Gesetze unterbunden. Hier wird versucht ein Wiederholen der geschichtlichen Ereignisse zu verhindern. Im Anschluss hierzu wurde noch eher aus Sicht der Lehrer aufgezeigt, weshalb es oftmals ein Problem werden könnte, wenn

---

74 Vgl. Preuschoff, Gisela und Axel (1994): Gewalt an Schulen und was dagegen zu tun ist. Köln: PapyRossa Verlag.

Rechtsextremismus in der Schule erlebt wird. Hier wurden Lösungsvorschläge gemacht, die Lehrkräfte anwenden könnten. Zu guter Letzt wurde auch auf die Eltern der Schüler eingegangen, welchen Einfluss diese auf die politische Identitätsbildung haben und wie sie bei Anzeichen von Rechtsextremismus bei den eigenen Kindern vorgehen könnten.

Als Fazit bleibt zu sagen, dass die Schule im Laufe der Jahre zwar durchaus als Machtinstrument für politische Zwecke im negativen Sinne genutzt wurde, heutzutage jedoch durch Gesetze, Aufklärung und Erfahrung mehr Sicherheit herrscht.

Wie bereits Wolfgang Sander es zum Schluss eines seiner vielen Werke ausformulierte:

> „diese Schwächen und Defizite dürfen nicht darüber hinwegtäuschen, dass in einer historischen Perspektive betrachtet die politische Bildung in Deutschland in der zweiten Hälfte des 20. Jahrhunderts einen Qualitätssprung gemacht hat. Besser als je zuvor in der deutschen Geschichte kann die politische Bildung heute eine demokratische Grundorientierung mit fachlicher und pädagogischer Professionalität verbinden"[75].

Ein sehr gutes Schlusswort, auch für diese Arbeit.

---

75 Sander, Wolfgang (2004): Politik in der Schule. Kleine Geschichte der politischen Bildung in Deutschland, Marburg: Schüren Verlag, S.160.

6. Literaturverzeichnis

Ahlheim, Klaus (2005): Prävention von Rechtsextremismus, Fremdenfeindlichkeit und Antisemitismus. In: Sander, Wolfgang (Hrsg.)(2005): Handbuch politische Bildung. 3., völlig überarb. Auflage. Bonn: Wochenschau Verlag.

Bäumer-Schleinkofer, Änne (1992): NS-Biologie und Schule. Frankfurt am Main: Verlag Peter Lang GmbH.

Detjen, Joachim (2007): Politische Bildung. München: Oldenbourg Wissenschaftsverlag GmbH.

Dithmar, Reinhard (2001): Richtlinien und Realität – Deutschunterricht im Gymnasium nach der >>Machtergreifung<<. In: Dithmar, Reinhard und Wolfgang Schmitz (Hrsg.)(2003): Schule und Unterricht im Dritten Reich. 2. Auflage. Ludwigsfelde: Ludwigsfelder Verlagshaus.

Fereidooni, Karim und Mona Massumi (2015): Rassismuskritik in der Ausbildung von Lehrerinnen und Lehrern.

In: Aus Politik und Zeitgeschichte 40/2015 (APUZ40), 700 S.

Flessau, Kurt-Ingo (1979): Schule der Diktatur: Lehrpläne und Schulbücher des Nationalsozialismus. Frankfurt am Main: Fischer Taschenbuch Verlag.

Gies, Horst (2001): Der Geschichtsunterricht in „Dritten Reich" als völkische Weihestunde und historische Nabelschau. In: Dithmar, Reinhard und Wolfgang Schmitz (Hrsg.)(2003): Schule und Unterricht im Dritten Reich. 2. Auflage. Ludwigsfelde: Ludwigsfelder Verlagshaus.

Henkenborg, Peter (2005): Politische Bildung als Schulprinzip: Demokratie-Lernen im Schulalltag. In: Sander, Wolfgang (Hrsg.)(2005): Handbuch politische Bildung. 3., völlig überarb. Auflage. Bonn: Wochenschau Verlag.

Hessisches Schulgesetz in der Fassung vom 30.07.2017.

Lissmann, Hans-Joachim (2001): Sachunterricht in der Grundschule. In: Dithmar, Reinhard und Wolfgang Schmitz (Hrsg.)(2003): Schule und Unterricht im Dritten Reich. 2. Auflage. Ludwigsfelde: Ludwigsfelder Verlagshaus.

Oepke, Maren (2005): Rechtsextremismus unter ost- und westdeutschen Jugendlichen. Opladen: Verlag Barbara Budrich.

Ortmeyer, Benjamin (1996): Schulzeit unterm Hitlerbild, Frankfurt am Main: Fischer Taschenbuch Verlag GmbH.

Preuschoff, Gisela und Axel (1994): Gewalt an Schulen und was dagegen zu tun ist. Köln: PapyRossa Verlag.

Salzborn, Samuel (2015): Rechtsextremismus: Erscheinungsformen und Erklärungsansätze. 2. Auflage. Baden-Baden: Verlag Nomos.

Sander, Wolfgang (2004): Politik in der Schule. Kleine Geschichte der politischen Bildung in Deutschland, Marburg: Schüren Verlag.

Internetquelle:

Sander, Wolfgang (2006): Was ist politische Bildung? (URL: http://www.bpb.de/gesellschaft/bildung/kulturelle-bildung/59935/politische-bildung?p=all, 28.02.18).